27
동생을 찾아 길을 떠난 카드모스

주니어RHK

신화의 가치

신화는 한 민족의 기원이나 역사적 · 종교적 · 문화적 삶의 모습을 보여 주는 옛이야기입니다. 주로 신과 영웅에 관한 이야기가 많고, 오랫동안 입에서 입으로 전해 내려왔다는 특징이 있지요.

우리가 살펴볼 그리스 로마 신화는 고대 그리스와 로마에 전해 오는 신화와 전설을 한데 묶은 것입니다. 그리스 로마 신화는 고대의 삶을 엿보게 해 주는 문화유산일 뿐만 아니라, 세계 여러 나라의 문학과 미술에 큰 영향을 끼쳤습니다. 하지만 문화적 가치만큼이나 중요한 것이 또 있습니다. 오래된 옛이야기이면서도 거기에 담긴 교훈적 가치가 오늘날에도 여전히 쓸모 있고 중요하다는 사실입니다.

놀랍지 않나요? 수천 년 전의 이야기가 어떻게 과학 문명이 고도로 발달한 오늘날에도 통하는 것일까요? 그것은 바로 그리스 로마 신화에 나오는 신과 영웅의 모습이 오늘날 우리의 모습과 다르지 않기 때문입니다. 신들도 우리처럼 분노하고, 질투하고, 실수를 하지요. 그런 모습을 보면서 우리는 깔깔 웃거나 눈물을 흘리고, 교훈과 감동을 얻습니다. 우리가 그리스 로마 신화를 읽어야 하는 까닭이 바로 이것입니다.

신화의 세계로 떠날 여러분에게 한마디 덧붙이자면, 신화는 우리에게 끝없는 상상력을 요구한다는 점입니다. 신화 속에는 수많은 은유와 상징이 곳곳에 널려 있지요. 따라서 신화를 읽을 때에는 상상력을 최대한 발휘하여 신화 속에 숨겨진 의미를 찾고, 그것을 자기 나름대로 재해석하는 과정이 필요합니다. 이렇게 읽었을 때에야 비로소 여러분 앞에 놀라운 삶의 이야기가 펼쳐질 것입니다.

자, 그럼 흥미진진한 신화의 세계 속으로 함께 떠나 볼까요?

흰 소로 변해 에우로페를 납치한 제우스.
에우로페의 오빠 카드모스는 동생을 구하기 위해
병사들을 데리고 길을 떠납니다.
신들의 왕인 제우스와 아레스, 포세이돈, 아폴론은
카드모스에게 갖가지 고난과 시련을 안겨 줍니다.
용감한 카드모스는 이 고난을 잘 극복할 수 있을까요?

주요 등장인물

⚜ 제우스 ⚜

올림포스 신들의 왕으로
하늘과 벼락의 신이에요.
에우로페에게 반해서
흰 소로 변신해 접근해요.

⚜ 포세이돈 ⚜

바다의 신으로서,
제우스의 부탁에 따라
파도를 보내 카드모스를
괴롭혀요.

⚜ 데메테르 ⚜

대지와 곡물, 농업의 여신으로,
인간들로부터 많은 존경을 받아요.
괴롭힘을 당하는 카드모스를
그냥 볼 수 없어 도와줘요.

⚜ 아레스 ⚜

제우스와 헤라 사이에서
태어난 아들이에요. 전쟁의 신으로,
제우스의 명령에 따라
카드모스를 괴롭혀요.

⚜ 에우로페 ⚜

페니키아의 왕 아게노르의
딸이에요. 흰 소로 변한
제우스에게 납치를 당해요.

⚜ 카드모스 ⚜

에우로페의 오빠이자
페니키아의 왕자예요.
제우스에게 납치를 당한
동생을 구하기 위해
길을 떠나요.

1
에우로페를 납치한 제우스

잠시 후 눈처럼 희고 아름다운 소가

에우로페 앞에 모습을 드러냈습니다.

"어머, 흰 소예요."

소는 에우로페 앞에 서더니 고개를 살짝 숙였습니다.

페니키아의 왕 아게노르에게는 에우로페라는 딸이 있었습니다. 에우로페는 지나가는 사람들이 깜짝 놀라 쳐다볼 만큼 아름다웠습니다. 반짝이는 눈동자와 고운 피부, 비단결 같은 머리는 어디 하나 흠잡을 데가 없었지요.

"오, 공주님은 별처럼 아름답게 빛나는구나!"

사람들은 모두 에우로페의 아름다움을 칭송했습니다.

아게노르 왕은 그런 딸을 무척이나 아꼈습니다. 그래서 에우로페가 머무는 곳에는 늘 병사와 시녀 들을 보냈습니다. 혹시나 아름다운 딸을 누가 탐내거나 해할까 봐 보호하기 위해서였습니다.

에우로페는 아버지의 든든한 보살핌 속에서 아름답게 성장해 갔습니다. 아게노르 왕은 흐뭇한 얼굴로 딸을 지켜보곤 했습니다. 하지만 딸의 아름다운 외모가 불행을 가져오지나 않을까 항상 *전전긍긍했습니다.

*전전긍긍하다 몹시 두려워서 벌벌 떨며 조심하다.

그러던 어느 날, 인간 세상을 살펴 보던 제우스가 에우로페를 보았습니다. 제우스는 에우로페를 보는 순간 한눈에 반하고 말았습니다.

"저렇게 아름다운 소녀가 있다니. 꼭 내 것으로 만들고 말겠어."

그날부터 제우스는 에우로페를 지켜보기 시작했습니다. 하지만 에우로페는 밤이고 낮이고 결코 혼자 있는 법이 없었습니다. 시녀들이 늘 함께 있었고, 조금 떨어진 곳에는 병사들도 지키고 있었지요. 거기에다 에우로페를 만나게 되더라도, 아직 어린 소녀인 에우로페가 나이 든 자신을 좋아할 것 같지 않았습니다.

'무슨 좋은 방법이 없을까?'

제우스가 이런 생각을 하고 있는 사이, 헤라가 제우스에게 불같이

화를 냈습니다.

“무슨 *꿍꿍이를 꾸미고 있는 건가요? 또 나쁜 짓을 저지르려고 하는 거죠?”

“그게 아니오. 도대체 나를 뭐로 보고!”

제우스는 속이 뜨끔했지만 손을 내저으며 변명을 했습니다. 헤라가 사라지자 제우스는 좋은 생각이 떠올랐는지 자리에서 벌떡 일어났습니다.

‘그래, 바로 그거야!’

*꿍꿍이 남에게 드러내 보이지 않고 속으로만 어떤 일을 꾸며 우물쭈물하는 속셈.

다음 날 아침, 에우로페는 시녀들과 함께 바닷가로 갔습니다. 파도가 철썩이고 시원하게 트인 바닷가는 에우로페가 가장 좋아하는 장소였습니다.

“하하, 저 구름 좀 봐. 정말 아름답지?”

에우로페는 시녀들과 바닷가를 거닐며 이야기를 나누고 모래밭에서 재미난 놀이도 했습니다. 무엇이 그리 즐거운지 크게 웃기도 했습니다. 그럴 때마다 에우로페를 지키는 병사들의 얼굴에도 웃음꽃이 피었습니다. 에우로페는 사람들에게 기쁨을 주는 소녀였습니다.

"공주님, 저기 좀 보세요."

시녀 한 명이 바다 쪽을 가리켰습니다. 에우로페는 시녀가 가리키는 곳을 바라보았습니다. 처음에는 그저 뿌연 안개 같았던 것이 조금씩 모습을 갖춰 에우로페가 있는 곳을 향해 다가오고 있었습니다.

"저게 도대체 뭘까?"

잠시 후 눈처럼 희고 아름다운 소가 에우로페 앞에 모습을 드러냈습니다.

"어머, 흰 소예요."

소는 에우로페 앞에 서더니 고개를 살짝 숙였습니다. 에우로페는 흰 소가 무척 마음에 들었습니다.

"어머, 이 소 좀 봐. 눈부시게 하얀 털과 황금빛 뿔이 정말 멋진걸? 보통 소 같지 않아. 게다가 커다란 눈망울이 무척 순해 보여."

에우로페가 소를 향해 손을 뻗으려 하자 시녀가 말렸습니다.

"공주님, 위험할지도 몰라요."

하지만 호소하는 듯한 소의 눈빛에 공주는 손을 뻗어 흰 소를 어루만져 주었습니다. 소는 기분이 좋은 듯 살며시 눈을 감았습니다. 혹시 위험할까 싶어 살펴보던 병사들도 이내 제자리로 돌아갔습니다.

에우로페는 소와 금방 친구가 되었습니다. 처음에는 겁을 내던 시녀들도 다가와 소를 쓰다듬었습니다.

"도대체 어디서 온 소일까요?"

"이렇게 멋진 소는 본 적이 없는 것 같아요."

소는 분홍빛 혀를 내밀어 에우로페의 손등을 살며시 핥았습니다. 에우로페는 간지럽다는 듯 웃음을 터뜨렸습니다.

얼마 후, 흰 소는 마치 자신의 등에 타라는 듯 다리를 굽혀 에우로페 앞에 엎드렸습니다.

잠시 생각하던 에우로페는 웃으며 말했습니다.

"그래, 알았어. 하지만 살살 움직여야 한다."

소는 에우로페의 말을 알아듣기라도 한 것처럼 고개를 끄덕였습니다.

시녀들은 걱정스러워 말렸습니다.

"안 타시는 게 좋겠어요. 혹시라도 떨어지면……."

"괜찮아. 이 소는 살살 움직이기로 나랑 약속했어."

에우로페가 고집을 부리자 시녀들도 말릴 수가 없었습니다. 시녀들은 한 걸음 물러서서 공주와 소를 지켜보았습니다.

에우로페를 납치하는 제우스

〈에우로페의 납치〉 페테르 파울 루벤스

루벤스는 화려하고 강한 색채로 아름다운 에우로페가 깜짝 놀라 울부짖는 모습과 하얀 황소의 모습을 실감 나게 그려 냈어요. 주변의 장난꾸러기 천사들은 제우스를 응원하고 있답니다. 오늘날 '유럽(Europe)'이라는 지명은 바로 에우로페(Europe)의 이름에서 비롯되었어요.

소는 느릿느릿 움직이기 시작했습니다. 에우로페는 흥이 나서 뒤를 돌아보며 외쳤습니다.

"내 말이 맞지? 이렇게 아름다운 소가 나를 해칠 리가 없어."

그런데 바로 그 순간, 소가 갑자기 빨리 달리기 시작했습니다. 소의 힘찬 발굽 소리에 땅이 울릴 정도였습니다.

"멈춰, 떨어질 것 같아. 제발!"

하지만 소는 더 빨리 달렸습니다. 소가 바다 쪽으로 향하는 것을 본 시녀들과 병사들이 황급히 소를 쫓아갔습니다. 병사들이 소를 향해 활을 쏘았지만 이상하게도 계속 비껴가기만 할 뿐

맞힐 수가 없었습니다.

"제발 살려 줘. 나를 내려 줘!"

"공주님, 공주님!"

에우로페 공주는 겁에 질려 소리를 질렀고, 시녀들은 안타까운 목소리로 공주를 불렀습니다. 하지만 소는 멈추지 않고 바다 위를 달려갔습니다. 얼마 후 공주의 모습은 완전히 보이지 않게 되었습니다.

흰 소와 에우로페는 얼마 후 크레타 섬에 도착했습니다.

무서워서 떨고 있는 에우로페 앞에 제우스가 모습을 드러냈습니다.

"나는 신들의 왕 제우스다."

그제야 에우로페는 자신을 납치한 것이 제우스임을 깨달았습니다.

제우스는 우는 에우로페를 다정히 위로해 주었습니다.

"조금도 걱정할 것 없다. 너는 앞으로 신과 똑같은 대우를 받으며 살아갈 테니까 말이야."

에우로페는 아무 말도 할 수 없었습니다. 이제 부모님을 만날 수 없을지도 모른다는 생각에 눈물이 멈추질 않았습니다. 에우로페는 바다 저편을 바라보며 하염없이 울었습니다.

2
동생을 찾아 나선 카드모스

아게노르 왕이 입술을 깨물며 명령을 내렸습니다.

"네 동생을 구해 올 사람은 너밖에 없다."

"알겠습니다. 제가 가서 구해 오겠습니다."

에우로페가 납치되었다는 소식은 곧바로 왕에게 전해졌습니다. 아게노르 왕은 펄쩍 뛰었습니다.

"도대체 어떻게 된 것이냐?"

시녀 한 명이 울먹이면서 바닷가에서 있었던 일을 전했습니다. 이야기를 다 듣고 난 아게노르 왕은 분을 참지 못하고 손바닥으로 의자를 세게 내리쳤습니다.

"너희는 도대체 무엇을 하고 있었느냐?"

아게노르 왕은 병사들에게 호통을 쳤습니다. 병사들은 고개를

숙이고 용서를 빌 뿐이었습니다.

아게노르 왕은 깊은 한숨을 내쉬었습니다. 별안간 흰 소가 나타나 공주를 태우고 먼 바다로 사라졌다니, 참으로 보통 일이 아니었습니다.

"무래도 그 소는 보통 소가 아닌 것 같다. 너희도 막을 수가 없었던 게지."

흥분을 가라앉힌 아게노르 왕이 큰 소리로 외쳤습니다.

"지금 당장 카드모스를 데려와라."

카드모스는 아게노르 왕의 장남이었습니다. 아버지 못지않게 용감하고 힘이 세어 페니키아 사람들의 사랑을 한 몸에 받았지요. 카드모스가 나타나자 아게노르 왕이 슬픈 표정으로 말했습니다.

"네 동생 에우로페가 납치되었단다."

"예? 아버지, 그게 대체 무슨 말씀인가요?"

"바닷가에 갑자기 흰 소가 나타나 네 동생을 데려갔다는구나. 아무래도 사람이 한 짓은 아닌 것 같다만, 이대로 두고 볼 수는 없어."

카드모스는 믿을 수 없다는 듯 고개를 흔들었습니다.

아게노르 왕이 입술을 깨물며 명령을 내렸습니다.

"네 동생을 구해 올 사람은 너밖에 없다."

"알겠습니다. 제가 가서 구해 오겠습니다."

"쉽지 않은 일이 될 것이다. 일 년이 걸릴지, 십 년이 걸릴지 모르는 힘든 일이야. 그래도 괜찮겠느냐?"

"저에게 맡겨 주십시오. 에우로페를 찾기 전까지는 결코 돌아오지 않겠습니다."

에우로페 이야기에 얽힌 또 다른 의미

아게노르는 바다의 신 포세이돈의 아들이에요. 그러니까 제우스에게는 조카가 되는 셈이지요. 아게노르는 에우로페가 제우스에게 납치를 당한 뒤, 카드모스를 비롯한 다른 아들들에게 누이 동생을 찾아오라고 시켰어요. 그들은 에우로페를 찾으러 나섰다가 찾지 못하고 지중해 곳곳에 흩어져 저마다 도시를 건설하게 되지요. 그래서 에우로페와 관련된 이 이야기는 당시 지중해에서 힘을 떨치고 있던 페니키아가 여러 도시를 정복하는 과정을 보여 주는 이야기라고도 한답니다.

다음 날, 카드모스는 병사들과 함께 큰 배에 올라탔습니다.

나팔소리가 울리고 돛이 펼쳐졌습니다. 아게노르 왕은 바닷가에 서서 떠나는 배를 바라보았습니다. 배는 천천히 항구를 떠나 바다로 향했습니다. 카드모스는 아버지를 향해 손을 흔들었습니다.

"아버지, 저를 믿고 기다려 주십시오. 꼭 에우로페를 찾아 아버지 품에 돌려드리겠습니다."

아게노르 왕은 아들을 향해 마지막으로 손을 흔들었습니다. 딸을 잃고 뒤이어 아들을 먼 길로 보내는 왕의 얼굴은 몹시 슬퍼 보였습니다.

3
제우스의 공격

갑자기 먹구름이 하늘을 뒤덮더니

주위가 몹시 어두워졌습니다.

그러더니 이내 비가 세차게 내리기 시작했습니다.

"방금까지도 화창했는데, 왜 이러지?"

어느덧 카드모스가 탄 배는 먼 바다에 이르렀습니다. 부하 한 명이 카드모스에게 다가와 물었습니다.

"왕자님, 어느 쪽으로 가야 합니까?"

카드모스는 입을 굳게 다물고 끝이 보이지 않는 바다를 바라보았습니다. 소를 타고 먼 바다로 사라졌다는 동생이 어디에 있는지 모르니 어디로 가야 할지도 알 수가 없었습니다.

"일단은 앞쪽으로 전진하자. 신들께서 우리를 도와주실 것이다."

배는 수평선을 향해 나아갔습니다. 그런데 갑자기 먹구름이 하늘을 뒤덮더니 주위가 몹시 어두워졌습니다. 그러더니 이내 비가 세차게 내리기 시작했습니다.

"방금까지도 화창했는데, 왜 이러지?"

병사들이 당황하자, 카드모스가 침착한 목소리로 외쳤습니다.

"어서 힘차게 노를 저어라. 당황하면 안 된다."

*우왕좌왕하던 병사들이 카드모스의 명령에 따라 움직였습니다. 그러나 바람이 너무도 거세어 배는 좀처럼 앞으로 나아갈 수가 없었습니다.

***우왕좌왕하다** 일이나 나아가는 방향을 헤아려 잡지 못하다.

번쩍, 우르릉 쾅!

잠시 후 하늘을 가르며 번개가 치더니 천지를 부술 것 같은 천둥이 뒤를 이었습니다. 부하 한 명이 황급히 다가왔습니다.

"왕자님, 이상한 것이 있습니다. 저 앞쪽을 보세요!"

카드모스는 부하가 가리키는 곳을 보았습니다. 카드모스의 배에서 얼마 떨어지지 않은 그곳에는 밝은 햇빛이 비치고 물결이 잔잔했습니다.

"이게 도대체 어떻게 된 일이지?"

카드모스는 다시 명령을 내렸습니다.

"자, 조금만 힘을 내자. 저 앞쪽에는 잔잔한 바다가 있다."

병사들은 있는 힘을 다해 노를 저었습니다. 하지만 배는 좀처럼 앞으로 나아가지 못했습니다. 거센 물살에 휩쓸려 그저 빙빙 돌 뿐이었습니다.

"아, 신이 우리를 버리시려나 보다."

절망한 병사의 외침에 카드모스가 다시 한 번 외쳤습니다.

"그렇지 않다. 신은 우리를 버리지 않아. 다들 마지막 힘을 내어 노를 저어라."

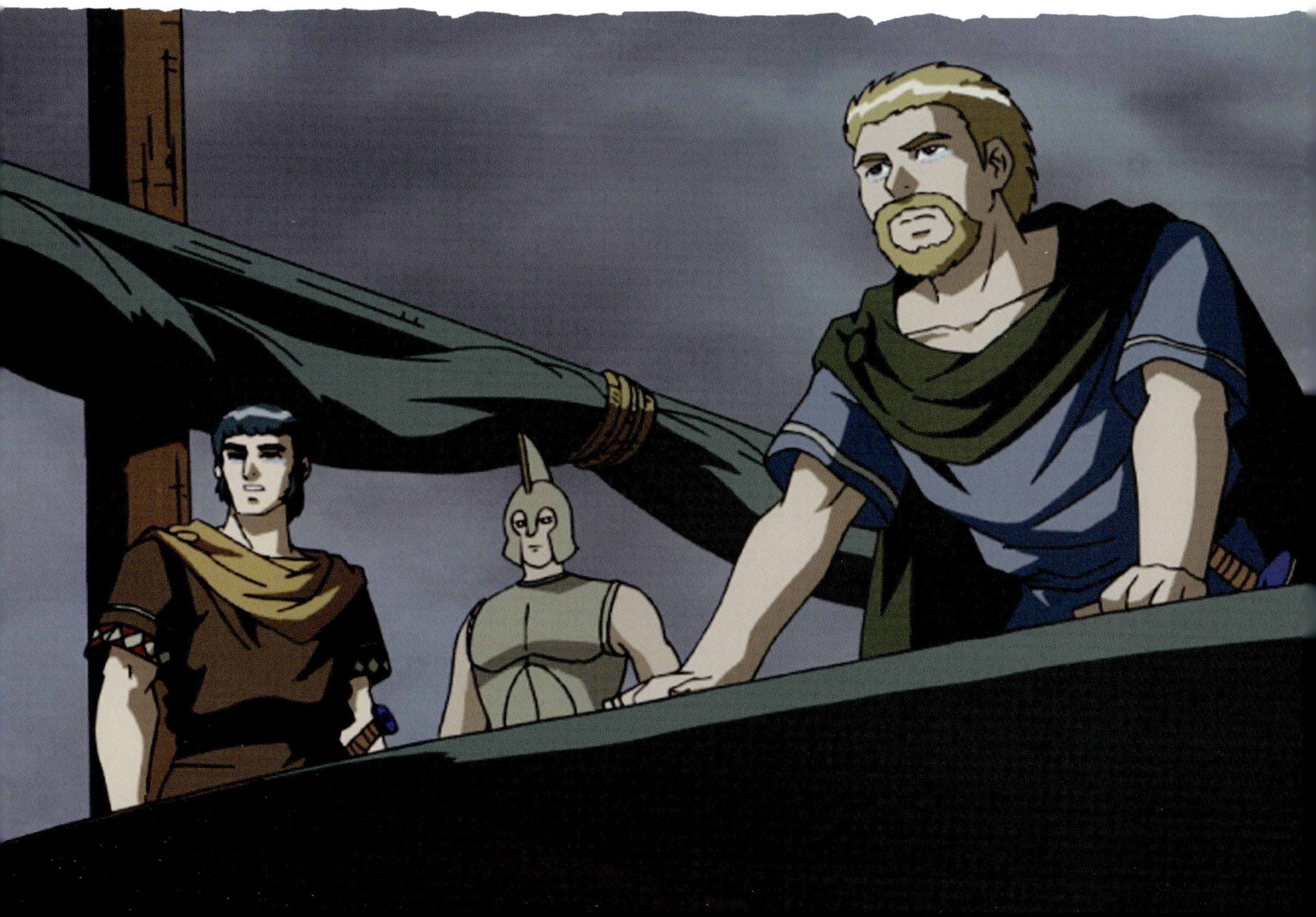

거센 파도가 배를 향해 밀려와 무섭게 부딪쳤습니다. 하지만 카드모스는 몸을 꼿꼿이 세운 채 힘찬 목소리로 병사들을 *격려했습니다.

"우리는 페니키아의 용사들이다. 이까짓 폭풍우에 질 수는 없지!"

"그래, 왕자님 말씀이 맞아. 다들 힘을 내자."

카드모스는 힘찬 목소리로 병사들에게 힘을 불어넣어 주었습니다.

"자, 고요한 바다가 바로 앞에 있다. 이제 곧 빠져나갈 수 있어."

올림포스에서 그 광경을 지켜보던 제우스가 감탄을 했습니다.

"저 녀석, 보기보다 대단하군."

갑작스러운 폭풍우와 천둥은 다 제우스가 만들어 낸 것이었습니다. 제우스는 팔짱을 끼고 카드모스의 행동을 지켜보았습니다. 카드모스는 돛이 찢어지고 배가 제자리걸음을 해도 결코 기가 죽지 않았습니다.

잠시 후 배는 가까스로 폭풍 속을 빠져나왔습니다. 제우스는 곧 다음 공격을 준비했습니다.

*격려하다 용기나 의욕이 솟아나도록 북돋워 주다.

천둥과 벼락의 신 제우스

〈거인 족을 무찌르는 제우스〉 줄리오 로마노

제우스는 하늘을 지배하는 신으로 예로부터 그리스 사람들은 하늘에서 일어나는 모든 일은 제우스의 뜻이라고 여겼어요. 제우스가 즐겨 쓰는 무기는 천둥과 번개, 비예요. 제우스는 마음대로 구름을 모으거나 비가 내리게 할 수 있다고 믿었어요. 고대 그리스의 시인 호메로스는 제우스를 '구름을 모으는 자', '번개를 던지는 자'로 묘사했답니다.

카드모스와 병사들이 한숨을 돌리기도 전에 어디선가 쿵쿵거리는 소리가 들려왔습니다.

'이건 또 뭐지?'

잠시 뒤 부하들의 다급한 목소리가 들렸습니다.

"왕자님, 저 앞쪽에서 커다란 바위가 떨어지고 있습니다."

배의 앞쪽에서는 정말로 집채만 한 바위가 섬의 절벽에서 연달아 굴러떨어지고 있었습니다. 병사들은 있는 힘을 다해 노를 저어 뱃머리를 왼쪽으로 돌렸습니다. 바위가 떨어질 때마다 엄청난 물보라가 일며 바닷물이 *요동쳤습니다.

병사들은 카드모스의 지시에 따라 배를 이리저리 움직여 마침내 바위가 떨어지는 절벽을 통과할 수 있었습니다. 카드모스는 제우스의 시험을 또 무사히 이겨낸 것입니다.

*요동치다 바람이나 눈보라 따위의 자연 현상이 세차게 일어나다.

4
대립하는 신들

"죄 없는 인간을 괴롭히는 짓은 이제 그만하세요."

"죄가 없다니? 신에게 맞선 게 죄가 아니고 뭐야?"

흥분한 아레스가 자리에서 일어나 버럭 소리를 질렀습니다.

하지만 제우스는 아직 카드모스를 놓아줄 생각이 없었습니다. 인간인 주제에 감히 신에게 맞서려고 하는 것이 마음에 들지 않았던 것입니다.

"흠, 제법이기는 하다만 그래도 내가 질 수는 없지."

제우스는 카드모스를 혼내 주기 위해 다른 신들에게 도움을 청하기로 했습니다. 제우스는 전령의 신 헤르메스를 불렀습니다.

"무슨 일이십니까?"

"포세이돈과 아폴론, 그리고 아레스를 불러와라!"

제우스의 말이 채 끝나기도 전에 헤르메스는 사라졌습니다.

“어디 얼마나 버티는지 지켜보겠다.”

신들이 오기를 기다리면서 제우스는 카드모스를 괴롭힐 방법을 이리저리 궁리했습니다. 카드모스가 꼼짝 못하는 모습을 떠올리자, 제우스의 입가에는 절로 미소가 번졌습니다.

잠시 후 포세이돈, 아폴론, 그리고 아레스가 나타났습니다.

"무슨 일이십니까?"

"감히 나에게 맞서려는 인간이 있어서 자네들을 불렀네."

그 말을 들은 전쟁의 신 아레스가 흥분했습니다.

"저에게 맡겨 주십시오. 병사들을 이끌고 가 녀석을 없애 버리겠습니다."

"그런 일이라면 제가 해결하겠습니다."

바다의 신 포세이돈도 나섰습니다. 그러자 태양의 신 아폴론도 가만있지 않았습니다.

"그런 녀석을 그냥 둘 수는 없습니다. 제가 녀석을 혼내 주겠습니다."

제우스가 흥분한 세 신을 진정시키며 말했습니다.

"다들 진정하게. 녀석이 생각처럼 그리 만만하지는 않아. 그러니 모두 힘을 모아 해결하는 게 좋을 것 같군."

그런 줄도 모르고 카드모스와 병사들은 항해를 계속하고 있었습니다. 어려움을 이겨낸 병사들의 *사기는 하늘을 찌를 듯했습니다.

이때 태양의 신 아폴론이 가장 먼저 카드모스를 혼내 주겠다고 나섰습니다. 조금 전까지 환한 대낮이었던 바다가 갑자기 깜깜한 어둠으로 뒤덮였습니다. 병사들은 우왕좌왕하며 소리를 질러 댔습니다.

"또 무슨 일이지? 태양이 사라져 버렸나? 신이시여, 우리를 도와주소서."

*사기 의욕이나 자신감 따위로 충만해 굽힐 줄 모르는 기세.

카드모스는 한 치 앞을 내다볼 수 없는 암흑 속에서도 침착함을 잃지 않았습니다.

“자, 다들 침착해라. 분명히 무슨 일이 더 일어날 것이다.”

과연 카드모스의 말대로 갑자기 ‘쿵’ 하는 소리가 나더니 배가 사납게 흔들리기 시작했습니다. 지금껏 겪어 보지 못한 거대한 파도가 카드모스의 배를 덮친 것입니다.

"으아악!"

거대한 파도를 보낸 것은 바로 바다의 신 포세이돈이었습니다. 포세이돈이 삼지창을 휘둘러 바다를 흔들어 버린 것입니다. 그 광경을 지켜보고 있던 제우스도 입이 벌어졌습니다.

"아폴론과 포세이돈이 힘을 합치니 못할 게 없군. 아레스는 나서지 않아도 되겠어."

제우스는 기뻐하며 아폴론에게 일렀습니다.

"아폴론, 다시 태양으로 바다를 비추어 보게. 녀석이 어떻게 되었는지 궁금하군."

제우스의 말에 포세이돈이 한층 우쭐대는 듯한 목소리로 말했습니다.

"어떻게 되긴요. 산산조각이 났겠지요. 감히 신에게 맞서다니 그걸 가만히 두고 볼 수 있습니까?"

아폴론 또한 고개를 끄덕이며 햇빛을 비추었습니다. 그런데 뜻밖에도 카드모스의 배는 부서진 곳 하나 없이 멀쩡했습니다. 모여 있던 신들은 동시에 소리를 질렀습니다.

"아니, 어떻게 멀쩡할 수가 있지?"

자세히 보니 배는 지금껏 보이지 않았던 섬에 닻을 내리고 있었습니다. 제우스는 곰곰이 생각한 끝에 자리에서 벌떡 일어났습니다.

"데메테르의 짓이 분명해. 바다에 섬을 세울 수 있는 건 대지의 여신뿐이지."

아니나 다를까 데메테르가 나타나 제우스의 말을 받아쳤습니다.

"맞아요, 제가 그랬어요."

데메테르가 신들을 날카롭게 쏘아보며 말했습니다.

"죄 없는 인간을 괴롭히는 짓은 이제 그만하세요."

"죄가 없다니? 신에게 맞선 게 죄가 아니고 뭐야?"

흥분한 아레스가 자리에서 일어나 버럭 소리를 질렀습니다. 다른 신들도 데메테르의 행동에 *어처구니없어 했습니다. 데메테르는 안 되겠다 싶어 지혜의 여신 아테나를 찾아갔습니다.

"제우스가 아무 죄도 없는 카드모스를 괴롭히고 있어요."

"나도 알고 있어요. 아무래도 우리가 도와야겠어요."

아테나는 사냥의 여신 아르테미스에게도 카드모스의 이야기를 해 주었습니다.

*어처구니없다 일이 너무 뜻밖이어서 기가 막히는 듯하다.

한편 카드모스는 병사들과 함께 섬에 발을 디뎠습니다. 계속되는 *재앙에 지칠 대로 지쳐 섬에서 쉬어 가기로 했습니다.

“아, 다들 죽는 줄 알았는데 그래도 신이 우리를 버리지는 않았어.”

하지만 자리에 앉은 지 얼마 지나지 않아 멀리서 말발굽 소리가 들려왔습니다.

“아니, 저게 뭐지? 누군가 우리 쪽으로 달려오고 있어!”

흙먼지 속에 말과 전차, 그리고 수많은 병사들의 모습이 보였습니다. 잠시 후 나타난 것은 전쟁의 신 아레스가 이끄는 군대였습니다.

‘도대체 어떻게 된 일이지? 왜 신들이 나를 죽이지 못해 야단일까?’

*재앙 뜻하지 아니하게 생긴 일이나 사고.

아레스와 병사들이 마구 화살을 쏘는 통에 카드모스는 더 생각할 틈도 없이 몸을 피해야 했습니다. 하지만 전쟁의 신을 당해내기에는 힘이 모자랐습니다. 카드모스는 이제 꼼짝없이 죽게 됐다고 생각했습니다. 동생 에우로페를 찾지도 못하고 죽는 게 너무 *억울했습니다.

바로 그때, 아레스의 군대가 쏘아 대던 화살이 갑자기 멎었습니다. 고개를 들어 보니 아레스의 전차 앞을 다른 화살들이 가로막고 있었습니다.

*억울하다 아무 잘못 없이 꾸중을 듣거나 벌을 받아 분하고 답답하다.

카드모스를 구해 준 것은 바로 아르테미스였습니다. 아르테미스가 카드모스 앞에 나타나 말했습니다.

"카드모스, 내 말대로만 하면 아레스를 이길 수 있다. 양쪽으로 흩어져 있다가 아레스의 군대가 지나가면 공격을 해라."

카드모스는 어떻게 된 일인지 알 수가 없었습니다. 갑작스럽게 아레스가 공격해 오더니 이제는 아르테미스가 자기를 돕는 것입니다. 카드모스는 정신을 가다듬고 아르테미스가 시킨 대로 했습니다.

"자, 아르테미스 여신께서 말씀하신 것처럼 양쪽으로 흩어져!"

아르테미스가 나타난 것을 모르는 아레스는 화살을 치우고 앞으로 나아갔습니다. 카드모스와 병사들은 아르테미스의 말에 따라 양쪽으로 흩어져 숨었습니다. 그리고 아레스가 그 사이를 지나가는 순간을 노려 뒤쪽에서 아레스와 병사들을 공격했습니다.

생각지도 못한 공격에 아레스의 군대는 당황했습니다. 그들은 쓰러졌고, 아레스는 걸음아 날 살려라 하고 도망쳤습니다. 카드모스와 병사들은 소리 높여 외쳤습니다.

"우리가 이겼다!"

올림포스에서 그 광경을 지켜보던 제우스는 화가 치밀었습니다.

"감히 여신들이 내가 하는 일을 방해해? 그냥 두지 않을 테다."

카드모스에게 혼쭐이 난 아레스도 같이 화를 냈습니다. 하지만 아폴론의 생각은 달랐습니다. 아폴론이 보기에 카드모스는 훌륭한 젊은이였습니다. 그런 젊은이를 아무 이유도 없이 괴롭히는 것은 옳지 않았습니다.

"이제 카드모스를 괴롭히는 일은 그만두는 것이 좋겠습니다."

아폴론이 그렇게 말하자, 제우스도 더 이상 고집을 부리기가 어려워졌습니다. 카드모스를 만만히 보았다가 망신을 당한 것이

분하기는 했지만, 괜히 일을 더 크게 벌였다가는 더 큰 망신을 당할지도 모를 일이었습니다. 제우스는 카드모스를 그냥 놓아두기로 했습니다.

신들의 공격이 잦아들자 카드모스는 에우로페를 찾아 다시 길을 떠났습니다.

신화 OLYMPUS GUARDIAN 뒷이야기

제우스는 그리스 신화의 여러 신 중 최고의 신입니다. 올림포스 산에서 인간 세상을 내려다보다 신과 인간들 사이에서 문제가 생기면 공정한 판단을 내려 주는 엄격한 재판관이기도 하지요. 하지만 그와 동시에 대단한 바람둥이이기도 합니다. 신은 물론이거니와 아름다운 인간 여성들과 끊임없이 사랑을 나누니까요. 거기다 아름다운 여성을 만나기 위해서라면 어떠한 모습이라도 변신까지 하니, 위대한 신의 모습과 어울리지 않아 고개를 갸웃거리게 되지요.

신화학자들은 이러한 제우스의 성격에 대해 여러 가지 설명을 합니다. 당시 그리스는 남자의 가문을 중심으로 가계가 꾸려졌습니다. 제우스가 온갖 여성이나 여신들과 관계를 맺고 자식을 낳는 이야기가 그러한 현실을 보여 준다는 설명도 있습니다. 실제로 위대한 제우스의 자식들은 아버지의 핏줄을 이어받아 역사에 길이 남는 영웅으로 묘사되곤 했습니다. 그 대표적인 인물로 헤라클레스가 있지요.

또 당시 그리스에 있던 여러 도시 국가의 우두머리들은 자신들의 가문이 신의 핏줄을 이어받았다고 주장했는데, 그럴 때면 최고의 신인 제우스를 끌어들여 자신들의 시조가 제우스의 자식이라는 식으로 이야기를 만들어 냈습니다. 그러다 보니 제우스는 온갖 나라의 건국 신화에 등장해 당시 아름다운 인간 여성과 관계를 맺었다는 이야기가 전해지게 된 것입니다. 결국 이런 사회적인 분위기와 사람들의 필요에 따라 제우스는 바람둥이의 전형이 되었지요. 거기다가 온갖 물건이나 동물들로 변하는 제우스의 모습은 '신은 어디에나 존재한다' 라는 당시 그리스인들의 생각과도 맞물려 있답니다.

올림포스 신들의 계보

크로노스 + 레아
하데스
지하 세계의 왕
포세이돈
바다의 신
제우스
신들의 왕
헤라
신들의 여왕,
제우스의 아내
헤스티아
난로 · 불의 여신
데메테르
대지의 여신
아테나
지혜 · 전쟁의 여신
제우스 + 메티스
아폴론
의술 · 음악의 신
제우스 + 레토
아르테미스
사냥 · 순결의 여신
아스클레피오스
의술의 신
아레스
전쟁의 신
제우스 + 헤라
헤파이스토스
대장간의 신
제우스 + 디오네
아프로디테
헤파이스토스의 아내,
미의 여신
에로스
사랑의 신
헤르메스
신들의 전령,
상업의 신
제우스 + 마이아
디오니소스
술의 신
제우스 + 세멜레
페르세포네
하데스의 아내
지하 세계의 여왕
제우스 + 데메테르

⚜ 그리스 로마 신화 주요 인물의 이름 ⚜

그리스 어	로마 어	영어
가이아	텔루스	
니케	빅토리아	나이키, 빅토리
데메테르	케레스	세레스
디오니소스	바쿠스	바커스
레아	키벨레	시벨레
아레스	마르스	마스
아르테미스	디아나	다이애나
아테나	아테네, 미네르바	
아폴론	아폴로	아폴로
아프로디테	베누스	비너스
에로스	쿠피드, 아모르	큐피드
오디세우스	울릭세스	율리시스
우라노스	카일루스	유러너스
제우스	유피테르	주피터
크로노스	사투르누스	새턴
페르세포네	프로세르피나	
포세이돈	넵투누스	넵튠
하데스	플루톤	플루토
헤라	유노	주노
헤라클레스	헤르쿨레스	허큘리스
헤르메스	메르쿠리우스	머큐리
헤스티아	베스타	
헤파이스토스	불카누스	벌컨

그리스 로마 신화 올림포스 가디언 27
동생을 찾아 길을 떠난 카드모스

펴낸이 양원석
펴낸곳 ㈜알에이치코리아
등록 2004년 1월 15일 제2-3726호
주소 서울특별시 금천구 가산디지털2로 53, 20층 (한라시그마밸리)
문의전화 02)6443-8800

ISBN 978-89-255-4421-2(74800)
ISBN 978-89-255-4354-3(세트)

값 **12,800원**

원작 만화로 보는 그리스 로마 신화(가나출판사)
이광진 엮음, 홍은영 그림
명화 구입처 유로크레온(주)

※잘못된 책은 구입하신 곳에서 바꾸어 드립니다.
※책 모서리가 날카로워 다칠 수 있으니 사람을 향해 던지거나 떨어뜨리지 마십시오.